Heidi Fruhstorfer

Von der Zugspitze bis ins Frankenland

Kindheit und Jugend in Bayern

Wartberg Verlag

Bildnachweis

Bayerische Staatsbibliothek/Georg Fruhstorfer: Seiten 4 links, 5-7, 10 links, 13 links, 15 rechts, 16, 21 links, 22, 23 rechts, 28-30, 35, 36 unten, 37, 38, 41 oben, 46, 48, 54, 57, 60-62, 65-71

Bayerische Staatsbibliothek/August Beckert, Fotoarchiv Johannes: Seite 34

Bayerische Staatsbibliothek/Helmut Silchmüller: Seiten: 14 rechts, 25

Bayerische Staatsbibliothek/ Felicitas Timpe: Seiten ,15 links, 20 unten, 21 rechts, 24 unten, 25 rechts, 44, 58, 59

Bayerische Staatsbibliothek/Timo Walz: Seiten 42, 43

Archiv Heidi Fruhstorfer: Seiten 14, 23 links, 24, 26, 27, 28, 29, 31. 39, 40, 41 unten, 47, 61-53

Stadtarchiv München/Rudi Dix: Seite: 12

Stadtarchiv Nürnberg; Seiten 49, 50

Stadtarchiv Straubing/Bruno Mooser: Seiten 10 rechts, 11

Süddeutsche Zeitung Photo:

USchoierer/Timeline Images: Seite 9, United Archives/Zeitreise: Seite 13,

Kurt Schraudenbach; Seite 19 links, Pressebild Possl: Seien 19 rechts, 20 oben. 56 ,

 Alfred Strobel: Seite 33,Poehlmann: Seite36 oben, Hans Enzwieser; Seite 64

Titel: Bayerische Staatsbibliothek/August Beckert, Fotoarchiv Johannes, Rückseite: Bayerische Staatsbibliothek/ Felicitas Timpe

Wir danken allen Lizenzträgern für die freundliche Abdruckgenehmigung. In Fällen, in denen es nicht gelang, Rechtsinhaber an Abbildungen zu ermitteln, bleiben Honoraransprüche gewahrt.

Quellennachweis

„Zeitsprung" Bilder einer Stadt 1953-1967   Bruno Mooser - Dorit-Maria Krenn   „Bayern" Hans Dollinger 1967 Historisches Lexikon Bayerns"   Alois Seidl „Landwirtschaft 19./20. Jahrhundert. Süddeutsche Zeitung , Bayerische Staatsbibliothek München „Bavarikon" , Katalog „München. Schau he!

1. Auflage 2023
Alle Rechte vorbehalten, auch die des auszugsweisen Nachdrucks
und der fotomechanischen Wiedergabe.
Layout und Satz: Christiane Zay, Passau
Druck und Bindung: optimal media GmbH, Röbel an der Müritz
© Wartberg-Verlag GmbH
34281 Gudensberg-Gleichen, Im Wiesental 1
Telefon: (0 56 03) 930 50
www.wartberg-verlag.de
ISBN 978-3-8313-3351-6

Vorwort

„Das Arbeiten, etwa in einer Winterlandschaft des Bayerischen Waldes, oder das ‚Einkreisen' eines Motivs im hellen Sucher meiner Kamera, ist für mich eine reine Freude", so das leidenschaftliche Bekenntnis des Fotografen Bruno Mooser (1925-2009) über seine Arbeit mit der Kamera. Er war ein begnadeter Meister seines Fachs. Erstmals wurde ich auf seine Arbeiten aufmerksam, als ich im Jahre 1959 den Bildband „Kinder aus aller Welt" erwarb. Fotos namhafter Fotografen ihrer Zeit waren darin abgebildet, davon zwei des Straubinger Lehrers und Fotografen Bruno Mooser. Drei Aufnahmen aus seinem Fotobestand, der vom Straubinger Stadtarchiv erworben wurde, sind in diesem Buch abgebildet.

Mehr als drei Dutzend Aufnahmen sind von meinem Mann, dem Bildjournalisten Georg Fruhstorfer (1915-2003), auch ein Straubinger und in der Vorkriegszeit, wie Kollege Bruno Mooser, als Lehrer tätig. Erst nach dem Krieg entschied er sich für den Beruf des Pressefotografen und Journalisten.

Bereichert habe ich dieses Bilderbuch mit Schnappschüssen von Zeitzeugen, eigenen und lange Zeit gesammelten Bildern sowie Aufnahmen von bekannten Bildjournalisten, u. a. Felicitas Timpe (1923-2006), Alfred Strobel (1917-2003), der viele Jahre für die „Süddeutsche Zeitung" tätig war. Zwei Fotografien stammen aus dem Fotobestand von Rudi Dix (1924-1995), der 1949 als junger Reporter beim „Münchner Merkur" seine Karriere begann. Besonders seine einzigartigen Aufnahmen aus den Nachkriegsjahren geben ein umfangreiches Zeugnis des Wiederaufbaus von München. Diese Reporterinnen und Reporter haben mit ihren Bildern Geschichten erzählt.

Die Bilder lassen die Nachkriegs- und Wirtschaftswunderzeit der Fünfzigerjahre wieder lebendig werden und erinnern die Älteren unter uns an ihre Kindheit und Jugend vor 60 bis 70 Jahren. Die Fotografien sind Zeitzeugen und Lichtbild-Kunstwerke zugleich. Sie entstanden lange bevor die digitale Fotografie die klassische Fotografie ablöste – Bilderschätze, die heute größtenteils in der Bayerischen Staatsbibliothek und anderen Archiven aufbewahrt werden.

Die Aufnahmen zeigen Landschaften und Orte Bayerns und offenbaren die Schönheit und Vielfalt des Landes. Sie dokumentieren das Alltagsleben, die Schulzeit der Kinder und Jugendlichen. Die Fotografien veranschaulichen Tradition und Brauchtum, das Leben auf dem Lande und die neue Lebensfreude, die besonders die Jugend erfasste.

Die Fünfzigerjahre waren ein Jahrzehnt mit großen Herausforderungen. Es war eine Zeit, die geprägt war vom Wiederaufbau des Landes nach dem Zweiten Weltkrieg, dem langsam aufkommenden Wohlstand und dem beginnenden Wirtschaftswunder.

Die Sechzigerjahre, das neue, aufregende Jahrzehnt, stand den Kindern und Jugendlichen noch bevor. Die Teenager, die neue Gruppe der Dreizehn- bis Neunzehnjährigen, traten frei und selbstbewusst auf, fanden ihren eigenen Lebensstil, brachen alte Tabus und veränderten die Gesellschaft. Die Kriegs- und Nachkriegskinder wurden zur zweiten Generation des Wiederaufbaus und zu Wegbereitern einer neuen und demokratischen Gesellschaft.

Heidi Fruhstorfer

Einleitung

Von der Zugspitze bis ins Frankenland

Als im Jahre 1950 in Oberammergau die ersten Passionsspiele nach dem Zweiten Weltkrieg stattfanden, staunte Bayerns Bevölkerung, dass auch Touristen aus Amerika gekommen waren, um das berühmte Spiel vom Leiden Christi zu erleben. Touristen aus aller Welt besuchten wieder die prächtigen Schlösser des bayerischen Märchenkönigs Ludwig II. und wollten auf ihrer Tour auch den „Top of Germany", die Zugspitze, besuchen. Der höchste Berg des Wettersteingebirges mit dem zugleich höchsten Gipfel Deutschlands übte eine ungeheure Anziehungskraft aus, so wie auch das romantische mittelalterliche Städtchen Rothenburg ob der Tauber im fränkischen Weinland. Die Schönheit der bayerischen Landschaften, Tradition, Brauchtum und die nach Diktatur und Krieg wieder erwachte bayerische Lebensart und Lebensfreude wurden zum Magnet des Landes zwischen Spessart und Karwendel.

Die Zugspitze ist mit 2962 Metern der höchste Gipfel des Wettersteingebirges. Ein Ausflug von Garmisch-Partenkirchen mit der Zahnradbahn und dann mit der Seilbahn zum Gipfel gehörte zu den schönsten Erlebnissen der Kinder- und Jugendzeit.

Um die Dächer der Almhütten sturmsicher zu machen, beschwerte man sie mit Steinbrocken. Ein Anblick, der heutzutage selten ist. Das Bild entstand 1950, im Hintergrund sieht man das mächtige Karwendelgebirge.

Würzburg 1955: Die schöne Stadt am Main ist bereits wieder aufgebaut. Das Alte Rathaus und der Dom St. Kilian sind von der Mainbrücke aus zu sehen.

Viel war geschehen zwischen den Jahren 1950 und 1960. Es war das Jahrzehnt des Wiederaufbaus der zerstörten Städte und des wirtschaftlichen Aufschwungs. Bayern hat mehrere Entwicklungsstufen durchlaufen. Im Laufe der Fünfzigerjahre hat eine Industrialisierungswelle das Schicksal Bayerns in neue Bahnen gelenkt. Durch den Zuzug von Flüchtlingen und Heimatvertriebenen stieg die Einwohnerzahl. Wohnungen, Schulen, Krankenhäuser und Versorgungseinrichtungen mussten neu geschaffen oder vergrößert und den sich wandelnden Bedürfnissen angepasst werden. Die sprunghaft angestiegene Anzahl von Autos schuf Probleme, die nur durch einen großzügigen Ausbau des Straßennetzes und die Schaffung einer leistungsfähigen Infrastruktur gelöst werden konnten.

Im Jahre 1950 lebten in Bayern, dem flächenmäßig mit 70 551 Quadratkilometern größten Land der im Mai 1949 gegründeten Bundesrepublik, über neun Millionen Menschen, davon 2 056 254 Kinder unter 14 Jahren. Ihnen allen wurden nun die Rechte zuteil, die Kindern und Jugendlichen noch wenige Jahre zuvor während der NS-Diktatur versagt waren. Die Verfassung des Freistaates Bayern von 1946 legte in Artikel 125 fest: „Kinder sind das köstlichste Gut eines Volkes. Sie haben Anspruch auf Entwicklung zu selbstbestimmungsfähigen und verantwortungsfähigen Persönlichkeiten."

Die Heranwachsenden erlebten in diesen Nachkriegsjahren aufregende Ereignisse, die ihnen bis heute in ihrer Erinnerung geblieben sind. So machte im Juni und Juli 1954 die Hochwasserkatastrophe in Niederbayern den Menschen im Land zu schaffen. Das verheerende Donauhochwasser wurde ausgelöst durch starke Regenfälle im bayerischen und österreichischen Voralpenland. In Passau hatte es dann seit dem 27. Juni täglich stark geregnet. Dieser Regen verstärkte sich ab dem 1. Juli und ging dann ab dem 7. Juli in Hochwasser über. Durch die Zuflüsse von Isar, Ilz und Inn und die Salzach, die aus den Bergen kommend ihre Wassermassen in den Inn trug, führte der Inn bei seiner Mündung in Passau mehr als die dreifache Menge und erreichte damit fast den Pegel des Jahres 1890.

Mit Schlauchbooten brachten sich Frauen und Kinder in Sicherheit.

Eine beglückende Sensation war die Fußballweltmeisterschaft im Jahre 1954 für Deutschland als Sieger und seine euphorische Jugend, die in den Taumel des Fußballfiebers fiel. Vor allem, weil die deutsche Mannschaft als krasser Außenseiter im schweizerischen Bern gestartet war. Mit dem 3:2-Sieg über den Favoriten Ungarn war das Unglaubliche geschehen. Deutschland war Fußballweltmeister!

Der Bayerische Rundfunk berichtete mehrmals täglich über die Situation, die ein Reporter mit folgenden Worten beschrieb: „Täglich anhaltende Wolkenbrüche führten im Juli 1954 zu einer Hochwasserkatastrophe, wie es das Land seit 400 Jahren nicht mehr erlebt hat. Gehöfte, Dörfer und Städte, ganze Landschaften wurden überflutet, 9000 Personen mussten evakuiert werden, Tote waren zu beklagen. In wenigen Tagen standen mehr als 1600 Quadratkilometer Land unter Wasser. Der Gesamtschaden betrug über 200 Millionen D-Mark. Das Ausmaß der Katastrophe überstieg alles bisher Dagewesene."

Rettungsaktion im bayerischen Dingolfing während des Hochwassers 1954.

Im überschwemmten Sylvensteinstausee sind noch die Bäume von Alt-Fall zu sehen, im Hintergrund die neu geschaffenen Häuser von Neu-Fall. Die Faller Klammbrücke wurde 1957 erbaut.

Ein Ereignis von damals großem Interesse hat sich bis heute ins kollektive Gedächtnis der bayerischen Bevölkerung eingeprägt. Es war die Erschaffung des Sylvensteinstausees bei Lenggries im Isarwinkel, der in den Jahren von 1954 bis 1959 zum Hochwasserschutz des Isartals und zur Stromerzeugung mit zwei Kraftwerken gebaut wurde. Der 1800 Meter lange See wurde zur Attraktion der Region. An Sonntagen kamen Ausflügler mit dem Auto, um die gigantische Baulandschaft zu bestaunen. Es dauerte nicht mehr lange, dann mussten die Schulkinder ihr altes Heimatdorf Alt-Fall verlassen, denn es begann die Flutung ihres Dorfes. Sie bezogen neue komfortable Häuser in Neu-Fall. Mit dem Bau des neuen Dorfes war bereits 1956 begonnen worden.

Der kälteste Winter seit hundert Jahren traf auch Bayerns Schulkinder hart, denn nur in wenigen Orten wurden die Schulen aufgrund der extremen Kälte geschlossen. Mit dem „Eiswinter" im Februar 1956 zog eine ungewöhnliche Kältewelle durch das Land. Am 10. Februar sank das Thermometer in Oberstdorf im Allgäu auf minus 32 Grad, in Waldsassen im Landkreis Tirschenreuth waren es minus 36 Grad. Auch anderenorts erlebten die Menschen die tiefsten – bis heute – jemals gemessenen Temperaturen.

1958 feierte die Landeshauptstadt München ihr 800. Stadtgründungsfest. Die Stadt, während des Zweiten Weltkrieges schwer zerstört, war größtenteils wieder aufgebaut und hatte Glanz und Schönheit zurückgewonnen. Das Fest war ein Ereignis, das viele junge Menschen in die Isarmetropole zog, sei es für einen Urlaub oder für immer.

Die Teenager, die seit einigen Jahren durch die boomende Wirtschaft zu einer Art neuen Klasse erhobene Gruppe der Dreizehn- bis Neunzehnjährigen, traten immer mehr in Erscheinung. Anfang 1960 entdeckte man, dass sie sich sogar einer eigenen Sprache bedienen, deren Ausdrücke nicht im Wörterbuch zu finden waren. Frei und selbstbewusst ließen es die Teenager geschehen, dass man einen Kult um sie aufbaute. Es waren zunächst nur Vorspiele einer Bewegung, die stürmisch verlaufen würde.

Das Alltagsleben

Wohnungsnot, strawanzen und Alltagspflichten

Als im Jahre 1950 ein neues Jahrzehnt begann, schaute man voller Zuversicht in die Zukunft. Der Optimismus, der die bayerische Bevölkerung erfüllte, schien gerechtfertigt, denn nach der Lethargie der ersten Nachkriegsjahre wurden die Menschen vom Willen zum Wiederaufbau ihres Landes gepackt. Nach zaghaftem Neubeginn erholte sich die Wirtschaft. Der Bedarf an neuen Wirtschaftsgütern und der Wiederaufbau der zerstörten Städte und Produktionsanlagen brachten die Wirtschaft in Schwung.

Glücklich waren die, die noch ein Dach über dem Kopf hatten, in einem unbeschädigten Haus lebten und deren Wohnungen nicht von Bomben getroffen worden waren. Familien, die über ein Haus oder eine größere Wohnung verfügten, mussten sogenannte ausgebombte Obdachlose, Flüchtlinge oder Heimatvertriebene bei sich aufnehmen. „Wohnungszwangsbewirtschaftung" nannte sich die Maßnahme. Diese Maßnahme erkannte man schon am Klingelfeld eines Wohngebäudes, wenn es hieß: „Schulze 1x klingeln", „Huber 2x klingeln", „Wlodarczak 3x klingeln." Der Besucher ahnte sofort, dass in dieser Wohnung etwas los war. Für Kinder war diese Zwangsmaßnahme eher eine prima Sache, war man doch nie allein. Was konnte man nicht alles miteinander anstellen, denn meistens waren die anderen Familien auch kinderreich.

Anfang des Jahrzehnts war das Wohnungselend in den vom Krieg zerstörten bayerischen Städten noch groß. Oft hausten Familien mit drei oder mehr Kindern in Kellern, Lagern und zugigen Baracken. Der Kampf um eine Bleibe, er wurde von Zehntausenden nun schon seit Jahren mit großer Verbitterung geführt. Das ändert sich ab Mitte des Jahrzehnts mit der zunehmenden Bautätigkeit und Schaffung von immer mehr neuem Wohnraum. Vollbeschäftigung und gute Verdienstmöglichkeiten prägten die neue Zeit. Man sprach vom Wirtschaftswunder!

Umher strawanzen, das war wohl das, was Kinder und Jugendliche am liebsten taten, die Welt erobern, auf Bäume kraxeln, Kriegsruinen auskundschaften, mit dem Roller durch die Gegend flitzen und ein paar Spezln treffen.

„So strawanzten wir damals durch die Gegend und erkundeten unsere Welt", schwärmt ein Zeitzeuge noch heute von der Zeit vor 70 Jahren. „In den Fünfzigern spielte sich das wahre Leben auf der Straße ab, auch in Hinterhöfen, Toreinfahrten oder auf Baugeländen. Kein Baugerüst, von dem aus wir nicht die Lage inspiziert haben. Wir waren mobil, flink und zu jeder Gaudi bereit. Gut, dass wir unsere Werktagskleidung anhatten, denn sonntags wurden wir gebadet und fein gemacht, ganz gleich ob Bua oder Madl. Es gehörte sich einfach so!"

Das „gute" Sonntagskleid kam aus dem Schrank – der graue Alltag wurde abgeschüttelt. Mädchen band man frisch gebügelte Schleifen ins Haar, die Buben, blitzsauber, das gescheitelte Haar mit Wasser gebürstet, trugen ihre Sonntagsjoppe und die gute Hose. Größten Wert legte man auf blitzblank geputzte Schuhe, hörten die Kinder doch allzu oft die altkluge Weisheit: „An den Schuhen erkennt man den Menschen!"

Die Menschen kamen auch ohne Bad und Dusche zurecht. „Wir konnten improvisieren, ja wir waren nichts anderes gewohnt. Toilettenpapier kannten wir überhaupt nicht. Man behalf sich mit Zeitungspapier, das in kleinen Blättern zugeschnitten an einem Haken aufgespießt in der Toilette hing. Vorausgesetzt natürlich, man verfügte über eine Toilette mit Wasserspülung, musste nicht das sogenannte ‚Häusl' außerhalb des Hauses benutzten. Dass fließendes Wasser nicht immer verfügbar war, regte niemanden sonderlich auf. Kindern oblag die Pflicht, kübelweise das Wasser anzuschleppen vom Brunnen in der Umgebung."

„Über zu wenige Pflichten konnten wir uns natürlich nicht beklagen", weiß eine andere Zeitzeugin zu berichten. „Wir Kinder halfen, wo es nur ging, das war ganz selbstverständlich. Einkaufen gehen, der Mutter beim Putzen helfen, waren es nur kleine Handlangertätigkeiten, wir halfen. Kohlen aus dem Keller holen, Teppiche ausklopfen und die Wohnung aufräumen, das war ganz selbstverständlich. Je beengter die Wohnverhältnisse, umso mehr Zeit brauchte man, die Räume in Ordnung zu halten. Wir Kinder waren auch stolz auf das Geleistete und freuten uns über ein Lob. Belohnt wurden wir mit Kinobesuchen an Sonntagen, Ausflügen und Biergarten-Besuchen, dort wo uns dann eine zünftige Brotzeit, ein Steckerleis oder Kuchenstücke beschert wurden."

Immer mehr Mütter wurden berufstätig. Es entstanden immer mehr Kindergärten für die Kleinen und Horte für die Schulpflichtigen. Die Heranwachsenden wurden mehr und mehr in die Pflicht genommen und sie wurden vor allem selbstständig. Aus den Kindern wurden selbstbewusste Teenager, die dann in den Sechzigerjahren voller Tatendrang versuchten, die Welt zu verbessern.

Kleines Mädchen auf großer Fahrt

Man hat sie hübsch herausgeputzt für die große Fahrt. In ihrem gestrickten Dirndlkleid, mit Trachtenhut und Schleifen um die praktische „Affenschaukel-Frisur" sitzt die Kleine auf ihrem Koffer am Bahnhof und wartet auf die Oma oder Tante, die sie in der Ferienzeit besucht. Im Rucksack sind wohl die Mitbringsel für ihre Gastgeber, die Gladiolen aus dem heimischen Garten.

Sonntagskinder

Im Englischen Garten in München traf man, meistens an Sonntagen im Sommer, den „Blattlblaser", der auf Buchenblättern Melodien summte, und immer eine fröhliche Kinderschar um sich versammelte. Sonntags wurden die Kinder fein gemacht und hergezeigt. Das gute Sonntagskleid kam aus dem Schrank – der graue Alltag wurde abgeschüttelt.

Drei Buben aus dem niederbayerischen Sossau

Die drei aufgeweckten Buben besuchten die Unterstufe der Volksschule in der Dorfgemeinde Sossau im Gäuboden, der fruchtbaren Lössebene zwischen Regensburg und Vilshofen. Das bedeutete, dass vier Jahrgänge von Schulkindern in einer Klasse unterrichtet wurden. Erst 1972 kam Sossau im Rahmen der Gebietsreform zur Stadt Straubing. Somit dürfte sich auch die Schulsituation für die Kinder aus Sossau verbessert haben.

Das Waisenhaus am Platzl in Straubing

Das Waisenhaus am Platzl, später Städtisches Kinderheim genannt, wurde seit 1879 von der Ordensgemeinschaft der armen Franziskanerinnen der hl. Familie zu Mallersdorf betreut. 1957 entstand diese Fotografie, als die Ordensschwester sich um ihre kleinen Schützlinge kümmerte. Zum Ende des Zweiten Weltkrieges mussten etwa 12 Millionen Menschen aus den früheren deutschen Ostgebieten flüchten oder wurden vertrieben. Auch Zehntausende Kinder waren unterwegs – viele von ihnen allein. Sie hatten damals alles verloren – ihre Eltern und ihr Zuhause. Sie waren traumatisiert, ausgehungert und schwach. In Heimen und Waisenhäusern fanden viele von ihnen eine Bleibe.

Schrottplatz

Vier Kinder sind mit einem Kinderwagen unterwegs, in dem das jüngste liegt. Es geht vorbei an einem Schrottplatz, damals kein seltener Anblick, als man noch nicht wusste, wohin mit dem ganzen Schutt und den Überresten von Krieg und Zerfall.

Schulkinder helfen beim Wiederaufbau

Zum Spielen hatten sie wenig Zeit. Sie halfen mit bei Münchens Schutträumaktion „Rama dama", die von den beiden Oberbürgermeistern Karl Scharnagl und Thomas Wimmer initiiert wurde. Es war das große Aufräumen. Aus Trümmern und Ruinen entstand im Laufe weniger Jahre eine neue, schöne Stadt. Münchner Kinder schufteten auch beim Wiederaufbau ihrer Schulen und waren stolz auf ihre Leistung.

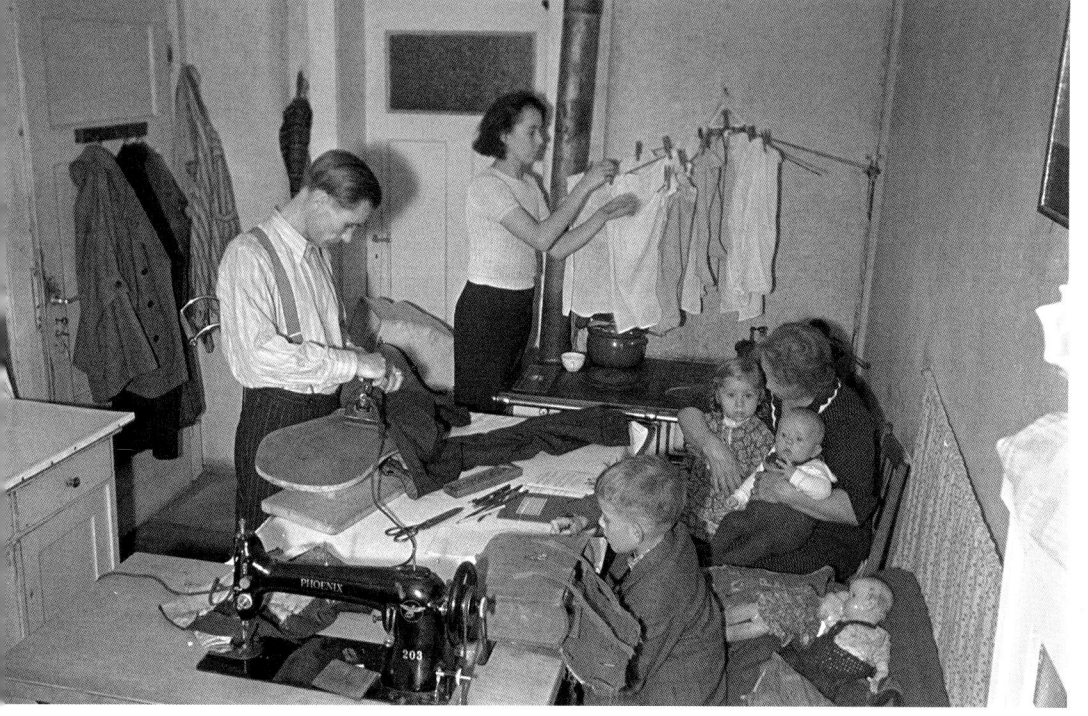

Wohnungsnot

Anfang der Fünfzigerjahre war das Wohnungselend in den vom Krieg zerstörten bayerischen Städten noch groß. Viele Familien mit drei oder mehr Kindern hausten in Kellern, Lagern, Baracken oder teilten sich mit anderen Familien eine Wohnung. Der Kampf um eine Bleibe, er wird von Zehntausenden nun schon seit Jahren mit großer Verbitterung geführt.

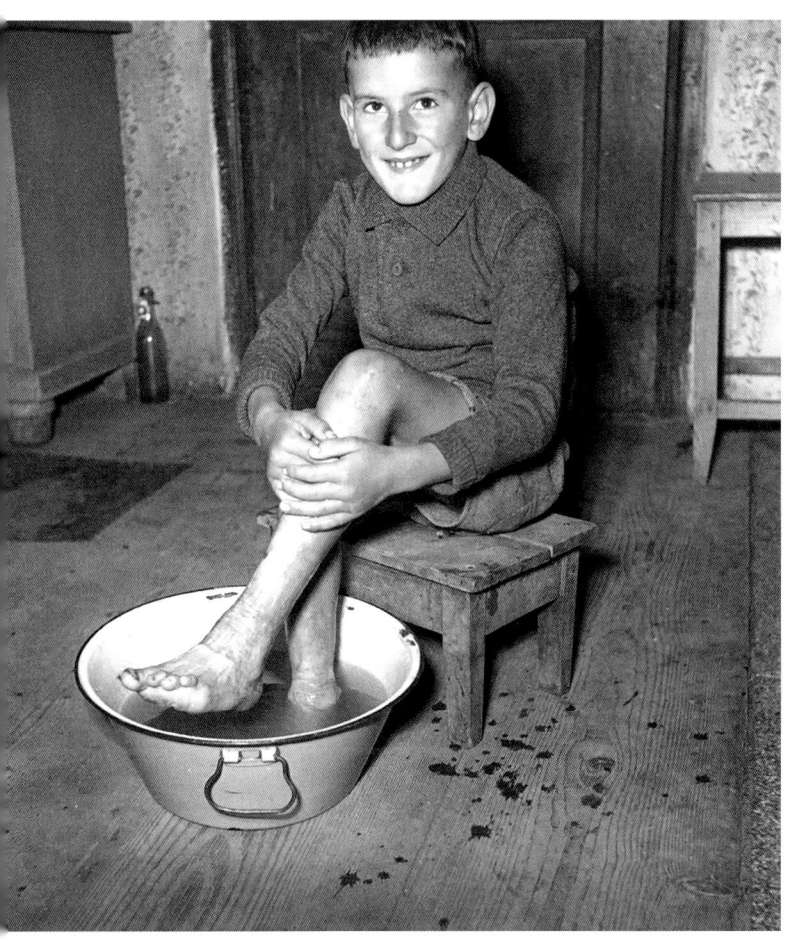

Fußbad in den Fünfzigern
Man kam ohne Badezimmer und Toilette aus.

Rauferei
Zwei Buben raufen, die anderen schauen zu. Soll man sich einmischen, sie anfeuern oder einfach abwarten, bis die beiden aufhören?

Mädchen lernen kochen

Früh übt sich, was einmal eine gute Hausfrau werden will. Das war das Ideal für ein Mädchen. Doch ab Mitte der Fünfzigerjahre, als immer mehr Frauen berufstätig wurden, strebten die meisten Mädchen ins Berufsleben und bekamen nun die Chance, selbst über ihren Berufswunsch zu entscheiden. Das aufkommende Wirtschaftswunder bot viele Chancen, ein selbstbestimmtes Leben zu führen. Zudem hatten sie die Mutterrolle auszufüllen. Noch in der Bayerischen Verfassung aus dem Jahre 1946 hieß es: „Es sind die Mädchen außerdem in Säuglingspflege, Kindererziehung und Hauswirtschaft besonders zu unterweisen." Erst 1998 wurden dem Gesetz die Worte „und Buben" hinzugefügt.

Kinder helfen in Haus und Hof

Dass Kinder im Haushalt mithalfen, war eine Selbstverständlichkeit. Vor allem die Mädchen mussten putzen, aufräumen und fegen. Erst nach getaner Arbeit war Zeit zum Spielen.

Viele neue Kindergärten

In den bayerischen Städten entstanden in den Nachkriegsjahren, bedingt durch die zunehmende Berufstätigkeit der Frauen, immer mehr neue Kindergärten. Dort waren die Kleinen gut aufgehoben, spielten, lernten und bekamen eine sättigende Mahlzeit. Modern und zweckmäßig waren Krippen, Kindergärten und Horte eingerichtet, wie dieser Kindergarten der Arbeiterwohlfahrt in Augsburg im Jahre 1954.

Lernen durch Zuschauen

Stricken lernen ist gar nicht so leicht.

Zwei Buben und ein Butzerl

Fleißige Frauen haben wohl viel gestrickt, um den Nachwuchs dieser Münchner Familie gut einzukleiden. Auch das „Butzerl", so nannte man damals einen Säugling, war nicht zu kurz gekommen. Konfektionsbekleidung war noch Mangelware und teuer. Wollene Bekleidungsstücke, von Tanten und Großmüttern gestrickt, wurden gerne verschenkt. Hauptsache, die Kleinen waren warm eingepackt.

Lernen fürs Leben

Generation Schiefertafel

Sie gehörten noch zur „Generation Schiefertafel", die Buben und Mädchen der Nachkriegsjahre. Erst in den Sechzigerjahren hatte das gute, alte Schreibutensil ausgedient und verschwand aus den Klassenzimmern. Dabei war die Schiefertafel eine praktische Sache gewesen, hatte in jeden Schulranzen gepasst und jahrhundertelang als Schriftträger gedient und das damals teure Papier ersetzt. Mit einem Griffel hatte man darauf geschrieben und mit einem kleinen Schwamm jederzeit alles wegwischen können.

Anfang September eines jeden Jahres waren die „großen Ferien" zu Ende und es begann für Bayerns Schulkinder wieder der „Ernst des Lebens". Die kleinen, sechsjährigen ABC-Schützen konnten es kaum erwarten, endlich die Schulbank zu drücken. Noch ahnten sie nicht, dass sie im Laufe der kommenden Jahre oftmals Schule sowie Unterricht samt Lehrerschaft im Geheimen verfluchen und den Tag herbeisehnen würden, an dem sie von diesem Joch befreit wären. „Ahnungslose Engel", riefen ihnen die Älteren zu, „ihr wird's scho seh'n, die Schule ist kein Honigschlecken!"

Ausstaffiert mit Schultüte und Schulranzen, von den Eltern begleitet, machten sie sich auf ihren ersten Schulweg. Unterrichtet wurden die Fächer Deutsch, Rechnen Schreiben, Natur- und Erdkunde sowie Geschichte und Heimatkunde. Dazu die Fächer Singen und Religion, die auch benotet wurden. Das Unterrichtsfach Heimatkunde lehrte die Schulkinder, ihre Heimat, deren nähere und weitere Umgebung kennenzulernen, geografisch und geschichtlich einzuordnen und, wie man damals so sagte, „alles kennenzulernen, von der Steinzeit bis zur Gegenwart". Schönschreiben war eine große Plage, besonders für Linkshänder, die unter allen Umständen mit der rechten Hand schreiben mussten. Es wurde viel Wert auf eine schöne und ordentliche Handschrift gelegt.

Gedichte auswendig zu lernen gehörte ins Schulprogramm. Schillers „Glocke" und Goethes „Osterspaziergang", der „Erlkönig" und die „Heilige Nacht" von Ludwig Thoma haben sich ins Langzeitgedächtnis so mancher Kinder von damals eingegraben.

Nicht alle beugten sich widerstandslos dem „Ernst des Lebens". Aufrecht sitzen in der Schulbank, die Hände auf das Schreibpult legen und aufmerksam dem „Fräulein" oder dem Herrn Lehrer zuhören, das gelang nicht immer. Wegen Schwätzens musste man neben der Schulbank oder gar in einer Ecke stehen, bis der erlösende Befehl „Setzen!" ausgesprochen wurde.

Kein Verständnis gab's für „Zappelphilippe", Legastheniker oder gar psychisch auffällige Schülerinnen und Schüler. Unaufmerksamkeit, Faulheit, Schlamperei oder gar Frechheit wurden gnadenlos mit „Tatzen" bestraft. So mag sich manch bayerischer Bub und auch die „auffälligen" Madln noch heute daran erinnern, dass man ihnen die Ohren langgezogen hat oder ihnen gar Schläge – meistens mit dem Rohrstock – versetzt hat.

Das Thema „Prügelstrafe" war lange nicht ausgestanden. Ende der Vierzigerjahre hatte der frisch ins bayerische Kultusministerium eingezogene Minister Dr. Dr. Alois Hundhammer durch eine zufällige Bemerkung das Thema „Prügelstrafe in Schulen" zur Diskussion gebracht. Von da an war die Angelegenheit auf dem Tisch und ein „gefundenes Fressen" für die Presseleute –

ein Thema, das sich „ausquetschen" ließ. In einer Pressekonferenz erläuterte der neue Kultusminister umgehend: „Das Wort ‚Prügelstrafe' bedeute eine Verdrehung, denn der pädagogische Ausdruck dafür heiße ‚körperliche Züchtigung'." Er schlug den Eltern vor festzustellen, ob den Lehrkräften „das Recht der körperlichen Züchtigung" nicht für mangelnde Leistungen der Schulkinder, sondern lediglich zur Aufrechterhaltung der Disziplin zugestanden werden sollte. Eine zu diesem Thema vom Bayerischen Rundfunk, damals noch Radio München, veranstaltete Umfrage ergab: 89 % der befragten Lehrer waren für die Züchtigung der Schüler, 11 % dagegen. Im Regierungsbezirk Schwaben sprachen sich die meisten für die körperliche Züchtigung aus, die Städte München und Nürnberg stimmten mit Mehrheit dagegen. Erst im Jahre 1973 wurde die sogenannte „Prügelstrafe" an bayerischen Schulen abgeschafft.

Dabei war für viele bayerische Schulkinder in jenen Jahren das Leben nicht einfach. Nicht nur der Mangel an Kleidung und Nahrungsmitteln lastete auf ihnen. Viele Familien waren ohne Väter, sie waren im Krieg gefallen oder noch immer vermisst.

Erst Anfang der Fünfzigerjahre hatte sich der Schulalltag auch in Bayern weitgehend normalisiert. Noch mussten in den Städten viele von den Bomben zerstörte Schulgebäude wiederaufgebaut werden. Die kriegsbedingte Schulraumnot zog sich bis in die Sechzigerjahre hinein. Schichtunterricht und überfüllte Klassen waren die Folge. Es herrschten Lehrer- und Materialmangel und auf dem Land gab es immer noch einklassige Volksschulen, in denen alle Dorfkinder gemeinsam unterrichtet wurden. Zudem mussten lange Schulwege in Kauf genommen werden. Erst 1972 verbesserte sich die Schulsituation im Rahmen der Gebietsreform.

In der vierten Volksschulklasse wurden die Weichen für die Zukunft gestellt. Nach Auswahl und bestandener Aufnahmeprüfung hatte ein Volksschüler die Möglichkeit, in ein humanistisches- oder ein Realgymnasium sowie in eine Oberrealschule überzutreten – mit dem Ziel des Abiturs, um anschließend ein Studium aufzunehmen.

Die höheren Schulen verstanden sich laut neu gefasster Schulordnung von 1957 als „Ausleseschulen, die allen Schülern offen stehen, die nach ihren erkennbaren geistigen Fähigkeiten und charakterlichen Anlagen zum Besuch dieser Schulen geeignet sind". Trotzdem gelang es nur acht bis zehn Prozent eines Jahrgangs, in eine zum Abitur führende Schule aufgenommen zu werden. Dies änderte sich in den Sechzigerjahren, als man die These aufstellte, dass man eine größere Anzahl an Akademikern bräuchte. Die Gymnasien expandierten, denn die Zahl der Übertritte verdoppelte sich daraufhin.

Weil das Land Bayern nach dem Zweiten Weltkrieg ab Mai 1945 zu der von den amerikanischen Siegermächten besetzten Zone gehörte, entschieden die amerikanischen Besatzer im Jahre 1948, den Englischunterricht an bayerischen Volksschulen als Pflichtfach einzuführen. Unter der Mitarbeit amerikanischer und englischer Dienststellen sowie deutscher Anglisten und für den Schulgebrauch genehmigt durch die „Control Commission for Germany", entstand das englische Lesebuch „Peter Pim and Billy Ball". Dieses bei den Kindern so beliebte einzigartige Lehrbuch mit seinen originellen Geschichten, pfiffigen Illustrationen und lustigen Liedern erleichterte das Lernen dieser für Kinder und Erwachsene neuen Sprache.

Eisiger Schulweg

„Ein dreiviertel Jahr ist es Winter, ein viertel Jahr ist es kalt", sagt der Volksmund über das Klima des Bayerischen Waldes. Besonders eisig ist es, wenn der Böhmische Wind über die Höhen des Mittelgebirges fegt und das Frühjahr nach schneereichem Winter lange auf sich warten lässt. Lange Zeit galt die Region als Armenhaus im Osten Bayerns und wurde zum „Notstandsgebiet" erklärt. Arbeitsplätze fehlten und Wohnraum war knapp. Zudem ließen sich in den unmittelbaren Nachkriegsjahren viele Heimatvertriebene aus dem Sudetenland in den Grenzregionen nieder. Kalte lange Winter und dürftige Kleidung machten auch den Schulkindern zu schaffen.

Buben mit hölzernen Schultaschen

Zwei Buben auf ihrem Schulweg im Bayerischen Wald. Der eine geht barfuß, der andere trägt eine geflickte Hose. Beide schleppen auf dem Rücken hölzerne Schulranzen, aus einfachen Brettern gefertigt. Sie hatten nicht viel, die Not war groß. Karge Ernährung, oft lange Schulwege bei Wind und Wetter plagten die Kinder der Waldler.

Generation Schiefertafel

Nicht „Laptop und Lederhose" waren angesagt, sondern auf der Schiefertafel lernten die ABC-Schützen vor 70 Jahren mit dem Griffel das Schreiben und Rechnen. Schon über 100 Jahre davor war das Utensil bei den Grund- und Volksschülern in Gebrauch. Verschwender waren die, die mit knappem und teurem Schreibpapier sorglos umgingen. Ab der dritten Volksschulklasse durften die Kinder mit dem Bleistift in Hefte schreiben. Radiergummi, Bleistiftspitzer, später ein Federhalter, Farbstifte und ein Lineal waren teure Anschaffungen, mit denen die Schulkinder ausgestattet wurden.

Schule in München-Ludwigsfeld

Überfüllte Klassenräume waren in den unmittelbaren Nachkriegsjahren keine Seltenheit. Wohnraum war knapp, denn noch waren die im Krieg zerstörten Städte nicht wieder aufgebaut. Mit Geldern des von den amerikanischen Besatzern aufgelegten Marschall-Plans wurde im Jahr 1952 im Ostteil des ehemaligen Lagers Ludwigsfeld die Großwohnsiedlung Ludwigsfeld für 3000 sogenannte „displaced persons" errichtet. Für die neuen Bewohner, Familien von Insassen des ehemaligen KZ-Außenlagers Allach-Karlsfeld, Heimatvertriebene, ehemaligen Zwangsarbeiter und Kriegsgefangene aus 22 Nationen entstand am Rande von München eine neue Heimat.

Schule der Kunst

Die Kindermalwerkstatt im „Amerikahaus" wurde von den Münchner Kindern begeistert angenommen. Im Jahre 1952 fand dort die Ausstellung „Schule der Kunst" im ehemaligen Führerbau an der Arcisstrasse statt. Jedes Kind konnte teilnehmen – und dies meistens an den Samstagen. In der Kindermalwerkstatt vergaßen sie die Zeit und alles um sie herum. Sprunghaft verwarfen sie das eine oder andere „Gemälde", ließen sich neu inspirieren und forderten ihre Kreativität. Ob das Werk anderen gefiel, war ihnen nicht wichtig. Als schön empfanden sie das, was sie erfreute.

Das versunkene Dorf

Es dauerte nicht mehr lange, dann mussten diese Schulkinder ihr altes Heimatdorf Alt-Fall bei Lenggries verlassen, denn es begann die Aufstauung der Isar zum Stausee Sylvenstein. Die Kinder konnten zusehen, wie ihre alte Schule im See versank. Sie bezogen neue komfortable Häuser in Neu-Fall. Mit dem Bau des neuen Dorfes war bereits 1956 begonnen worden.

„Konspirative Versammlung"

Für die Buben mit den neumodischen Schultaschen schien die Zeit stehen geblieben zu sein. Man hatte sich viel mitzuteilen, wollte wohl etwas aushecken oder nur eine zünftige Gaudi planen.

Erster Schultag

Mit zaghaftem Lächeln präsentiert sich der sechsjährige Maxl aus München mit seiner Schultüte. Ausstaffiert mit Sakko, Krawatte und Schülerkappe beginnt für ihn der Ernst des Lebens.

Lernen fürs Leben

„Ihr lernt nicht für die Schule – ihr lernt fürs Leben!" Das war der berühmte Spruch, den Lehrerinnen und Lehrer zum Besten gaben. Die Schulkinder boten Paroli mit dem Spruch von Wilhelm Busch: „Wenn alles schläft und einer spricht – den Zustand nennt man Unterricht!"

Schulkinder im oberfränkischen Tettau

Aufgeweckt und munter blicken die 41 Schülerinnen und Schüler und der Herr Lehrer in die Kamera. Sie alle besuchen die Volksschule in der kleinen oberfränkischen Marktgemeinde Tettau im Landkreis Kulmbach. Für die Jüngsten mit ihren Schultüten, gerade eingeschult, beginnt nun der Schulalltag. Sie alle freuen sich über das besondere Ereignis. Der Fotograf Erwin Stenglein ist aus Kulmbach angereist, um das Ereignis auf der Wiese vor dem Ort abzulichten. Tettau zählte damals um die 300 Einwohner und ist die letzte bayerische Gemeinde, in der seit 1794 eine Porzellanmanufaktur ansässig ist. So kann man vermuten, dass die Eltern der Schulkinder als „Porzellaner" in der „Königlich privilegierten Porzellanfabrik Tettau" arbeiten. Die Aufnahme entstand im Jahre 1959. Bald sollte ein neues, aufregendes Jahrzehnt beginnen. Dann würden die Teenager, die neue Gruppe der Dreizehn- bis Neunzehnjährigen, frei und selbstbewusst auftreten, ihren eigenen Stil finden und alte Tabus brechen.

Das Leben auf dem Lande

Als der Traktor das Pferd ersetzte

Das Leben auf dem Lande war kein Heimatfilm, denn Armut und Arbeitslosigkeit prägten die Zeit nach dem Zweiten Weltkrieg. Dazu kam, dass die Notlage in der Lebensmittelversorgung nach dem strengen, schneereichen Winter 1946/1947 und dem heißen und trockenen Sommer 1947 mit geringen Ernteerträgen einen Tiefpunkt erreichte.

Nachdem sich Abertausende Flüchtlinge bei Kriegsende in den von den alliierten Westmächten besetzten Zonen Deutschlands niederließen, erreichte in den ersten Nachkriegsjahren der Strom der Heimatvertriebenen aus dem Sudetenland den Freistaat Bayern. Bis Ende 1948 waren 1,8 Millionen Menschen aus ehemals deutschen Staats- und Siedlungsgebieten ins Land geströmt und verschärften die schon prekäre Versorgungslage. In vielen Familien kam nun in Ermangelung von Lebensmitteln die Steckrübe, in Bayern „Dotschen" genannt, auf den Speiseplan und weckte Erinnerungen an den „Dotschenwinter", jenen schrecklichen Hungerwinter 1917 während des Ersten Weltkrieges.

Mit der Währungsreform und Einführung der D-Mark im Juni 1948 verbesserte sich schlagartig die gesamte wirtschaftliche Situation im Land. Mit dem neuen „wertvollen" Geld konnten erstmals die Grundbedürfnisse der Menschen gedeckt werden. Der Wiederaufbau der Städte und die Wiederaufnahme der Industrieproduktion brachten die Wirtschaft in Schwung. Noch stellte die Landwirtschaft den bedeutendsten Wirtschaftsfaktor dar. Das änderte sich, als viele Menschen aus den ländlichen Gebieten Bayerns in die Industriestädte abwanderten, denn dort wurden händeringend Arbeitskräfte gesucht. Guter Lohn, geregelte Arbeitszeiten und soziale Sicherheit ermöglichten ein unabhängiges Leben in der Stadt.

Die Welt von gestern

Eine solch bäuerliche Idylle wird man oberhalb des Tegernsees heutzutage wohl kaum mehr finden, denn Tourismus und Bodenspekulationen haben das Bild der bayerischen Kulturlandschaft stark verändert. Bodenständig und ungekünstelt meisterten die Bauern auf ihren Höfen das arbeitsreiche Leben, sie wahrten ihre Tradition und pflegten Acker und Flur.

Die Landflucht stellte die Bauern vor Probleme. Die Agrarwirtschaft musste sich der Industrialisierung öffnen, wollte sie überleben. Technisierung war notwendig, weil Arbeitskräfte fehlten. Das Pferd wurde durch den Traktor ersetzt, Knecht und Magd durch Mähdrescher und Melkmaschinen.

Für die Kinder und Jugendlichen war der Alltag bestimmt von Arbeitspflichten, weiten Schulwegen und karger Kost. Doch erlebten die Kinder auch eine schier unbegrenzte Freiheit. Sie spielten auf dem Hof, im Dorf und auf den weiten Fluren. Sie waren gut Freund mit den Nachbars- und Dorfkindern und sparten nicht mit Streichen. Mit großer Geschicklichkeit angelten sie Fische aus den Bächen und holten Äpfel von den Bäumen. Den Traktor steuerten die Buben am liebsten ganz allein, auch wenn es nicht erlaubt war. Sie freuten sich, wenn ein Kälbchen zur Welt kam oder die Bieberl aus den Eiern schlüpften. Den Mädchen oblag die Pflicht, sich um die kleinen Geschwister zu kümmern und der Mutter zur Hand zu gehen.

An Sonn- und Feiertagen trugen sie ihr bestes Trachtengwand und waren dabei, wenn die Musik aufspielte. Dann sangen sie Volkslieder und Schnaderhüpferl. Sie lernten auf Zither und Hackbrett zu spielen und versuchten sich auf der Flöte. Ob in Altbayern, im Fränkischen oder in Schwaben, die Jugend pflegte die Volksmusik, das Volkstheater und den Volkstanz. Die Eltern wünschten sich, dass die Mädchen bald heirateten und die Buben später den Hof übernehmen oder ein Handwerk erlernen würden. Doch viele der Heranwachsenden wollten hinaus in die Welt, auf „Minga", das verlockende München, dort, wo es vielversprechende Berufsmöglichkeiten gab und der Traum von einem selbstbestimmten Leben und vielleicht sogar einem Auto Wirklichkeit werden konnte.

Die junge Bergsteigerin

Noch war es ein wenig unschicklich, in Hosenbekleidung zu wandern oder in die Berge zu gehen. Das änderte sich erst ab Mitte der Fünfzigerjahre, als die „Blue Jeans" aus Amerika salonfähig wurde und die Bundhose auch von Mädchen und Frauen als praktische Wanderkleidung akzeptiert wurde. Die Begeisterung der jungen Wanderin für die Berge war groß und sie erklomm manch felsige Höhe. Ein Kränzchen hatte sie sich gewunden mit Blumen von den Wiesen auf ihrem Weg nach oben auf den Hohen Göll im Berchtesgadener Land.

Erdbeeren oder Ananas

Zur Erdbeerernte mussten auch die Kinder ran. Dann halfen sie mit, die köstliche Frucht zu pflücken und in die länglichen Spankörbe zu schichten. In vielen Gegenden Bayerns wurde die Erdbeere damals auch noch „Ananas" genannt.

Ganserlrupfen

An den kirchlichen Festtagen Kirchweih, Martini und zu Weihnachten gab es traditionell einen Gänsebraten, im Volksmund auch „fliegendes Fleisch" genannt. Dann machten sich die Bäuerinnen daran, die Federn zu rupfen, bevor das Geflügel auf den Markt kam. Für die Kinder ein fetziges Schauspiel, wenn die Federn flogen.

Arbeit auf dem Bauernhof

Auf dem Bauernhof mussten alle mithelfen, auch die Buben und Mädchen. Stall ausmisten, Futter für das Vieh herbeischaffen, bei der Ernte helfen und Holzhacken gehörten zu ihren Pflichten.

Feldarbeit

„Im Märzen der Bauer die Rösslein einspannt, er setzt seine Felder und Wiesen in Stand. Er pflüget den Boden, er egget und sät – und rührt seine Hände frühmorgens und spät."

So sang man diese alte Volksweise noch in den Fünfzigerjahren. Treffender als mit diesem Lied kann man die bäuerliche Arbeit nicht beschreiben, damals bevor Landmaschinen die Felder beherrschten und viele Arbeitskräfte vom Land in die Industriestädte zogen.

Im Bayerischen Wald

Mühselig und schwer war die Arbeit der Waldler. Der Boden war karg und der Ertrag gering. Kilometerweit musste das Gras herbeigeholt werden, um dann als Viehfutter zu dienen.

Flachsernte in Niederbayern

Aus Flachs entstand das begehrte Leinen. Der Flachsanbau war eine wichtige Lebensgrundlage und im Bayerischen Wald sehr verbreitet. Die genügsame, blau blühende Pflanze wuchs in diesem niederschlagsreichen und kühlen bayerischen Mittelgebirge gut und war eine Alternative zum Getreideanbau. Der gesponnene Flachs lieferte die Grundlage für die Weberei und war ein lebenswichtiger Zuerwerb, lange bevor der Fremdenverkehr zum wichtigen Wirtschaftsfaktor wurde.

Die Flachsarbeit war eine der schönsten bäuerlichen Arbeiten und der Stolz der Hausfrau, wenn das gewebte Leinen sorgfältig gefaltet in ihren Schränken lag.

Die kleine Traubenkosterin aus dem Frankenland

Die Jugendlichen warteten nicht, bis die Trauben vergoren waren.

Fröhliche Mädchen im fränkischen Weinland

Entlang den geschützten Lagen des Mains von Bamberg bis Aschaffenburg und an den Südhängen des Steigerwaldes begann Ende der Fünfzigerjahre die Wiederbelebung des fränkischen Weinbaus.

Tradition und Brauchtum unter weiß-blauem Himmel

Hemadlenzn und Oktoberfest

Als der bayerische Kronprinz Ludwig, der spätere König Ludwig I., am 12. Oktober 1810 die Prinzessin Therese von Sachsen-Hildburghausen heiratete, ahnte wohl noch niemand, dass anlässlich der vielen Festlichkeiten der königlichen Hochzeit ein Ereignis herausragte, das seitdem traditionell bis heute jedes Jahr stattfinden sollte – das Münchner Oktoberfest. Es war ein Pferderennen, das auf der großen Wiese vor der Stadt – heute Theresienwiese – unterhalb des Sendlinger Berges an die 40 000 Besucher auf die Beine brachte, die mit Bier und Wein verköstigt wurden. Aus der Tradition geboren, fand das Fest alle Jahre wieder im Oktober statt. Nur Kriege und Pandemie hielten die bayerische Bevölkerung davon ab, das heute weltweit größte Bier- und Volksfest zu feiern. 1946 beging man das erste Oktoberfest nach dem Zweiten Weltkrieg, nachdem die Bayern jahrelang auf ihre geliebte „Wiesn" hatten verzichten müssen. Nun, in den Fünfzigerjahren, während der milden Herbsttage unter weiß-blauem Himmel, wusste man zu schätzen, was man so lange entbehrt hatte.

Ludwig I. war nicht nur der Urheber des Oktoberfestes. Er begründete auch den Oktoberfestumzug, der erstmals zu Ehren der Silberhochzeit des Monarchen im Jahre 1835 veranstaltet wurde. Ab dem Jahre 1950 wurde der Trachten- und Schützenumzug wieder durchgeführt und ist mittlerweile der Höhepunkt der Wiesn.

Dann ziehen am ersten Festsonntag einige Tausend Teilnehmer verschiedener Trachten- und Schützenvereine in ihrer traditionellen Festtagstracht vom Maximilianeum ausgehend 7,6 km durch die Münchner Innenstadt zur Theresienwiese. Angeführt wird der Festzug vom „Münchner Kindl" hoch zu Ross und den vielen bayerischen Madln und Buam, die in ihren schönen Trachtengewändern jeweils ihren Trachtenverein präsentieren.

Reich an Traditionen und Brauchtum ist Bayern, einst die Römische Provinz Rätien, ein Land, das auf eine bewegte Geschichte zurückblicken kann. 1460 Jahre Christentum haben das Land und seine Bevölkerung geprägt.

Gleich zum Jahresbeginn, am Dreikönigstag, ziehen Kinder, als Sternsinger gekleidet, durch Dorf und Stadt. Sie stellen die Heiligen Drei Könige aus dem Morgenland dar, bitten um Gaben und schreiben Jahreszahl und die drei Buchstaben „C M B" des Segens „Christus Mansionem Benedicat" – „Christus segne dieses Haus" – über die Türe und das Tor.

„Wenn's an Lichtmess stürmt und schneit – ist das Frühjahr nicht mehr weit!" An Lichtmess, dem 2. Februar, wechselte oft das Dienstpersonal, Knecht und Magd konnten auf dem Marktplatz ihre Arbeitskraft anbieten und mit einem neuen Dienstherrn handelseinig werden. So geschah es noch in den Fünfzigerjahren im niederbayerischen Straubing, der getreidereichen Gäubodenstadt.

Mit ausgelassenen Faschingsfesten und lustigem Treiben begann die „närrische Zeit" und erreichte ihren Höhepunkt am Faschingsdienstag. So kamen Jung und Alt gut durch den Winter, denn auf „Gaudi und Musi" wollte man ungern verzichten.

Kleine Trachtlerinnen

Das kleine Tanzpaar übt auf der Wiese für den großen Auftritt auf dem Volksfest in Ruhpolding. Die Musiker spielen auf und die Mädchen ringsherum in ihrer Chiemgauer Tracht schauen zu. Ein Mieder, dazu ein handgereihter Rock, eine weiße Bluse und eine helle Schürze gehören zur Tracht. Der „Aschauer Hut" mit einer Spielhahnfeder und „aufgeräumte Haare" sind Tradition – bis heute.

Fronleichnamsprozessionen und Kommunionfeiern wurden zu unvergesslichen Erlebnissen für die ganze Familie. Niemand konnte sich dem Zauber dieser feierlichen Inszenierungen entziehen. Die Prozession, die durch die mit Birkengrün, roten Fenstertüchern und Fahnen geschmückten Straßen und Wege zog, begleiteten Jung und Alt im Festtagsstaat aus Leinen, Samt und Seide.

Nach all den Festlichkeiten wandte man sich den profanen Dingen des Lebens zu, und wie es der Brauch war, gab's nach all den Gottesdiensten und Umzügen erst ein Bier und dann eine Mahlzeit, an „Himmelfahrt", „Kirchweih" und „Martini" das „fliegende Fleisch", nämlich Gänse- oder Entenbraten oder anderes Geflügel.

1956: Fronleichnamsprozession in Garmisch-Partenkirchen

Behutsam haben die Mädchen die Jüngste in ihre Mitte genommen und führen mit ihr die Prozession an. Ein freudiger Tag für alle Werdenfelser und Besucher, die bei der Fronleichnamsprozession an diesem warmen Junitag dabei sind. Sie tragen ihr Festtagsgewand mit den seidenen Schürzen, die im Sonnenlicht glänzen. Wie es so Brauch ist, gehört zur Tracht eine hochgesteckte Frisur, die, wie zu sehen ist, mit einem Perlenkränzchen gekrönt ist. Im Hintergrund erscheint unter wehenden Fahnen die auf einem Podest getragene Marienstatue.

Kommunionkinder

Ein großer Tag im Leben der Kinder war die Erstkommunion. Für die Mädchen und Buben der dritten Volksschulklasse begann ein neuer Lebensabschnitt. An der Fronleichnamsprozession, wie hier auf der Insel Wörth im oberbayerischen Staffelsee, durften die Kommunionkinder noch einmal ihre weißen Kleider und Kränzchen tragen, die Buben ihre dunklen Anzüge mit langen Hosen.

Bayerische Frömmigkeit

1460 Jahre Christentum in Bayern haben das Land und seine Menschen geprägt. Nicht nur Kirchen, Klöster und Dome stehen seit Jahrhunderten in Stadt und Land, auch an Wegen, auf Bergen und auf weiter Flur findet man Zeugnisse der Gläubigkeit. Ein Mädchen schmückt das Kreuz mit einem Blumenstrauß.

Auf geht's zur Wiesn!

Sie haben einen weiten Weg vor sich. Vom Maximilianeum bis zur Wiesn sind es über sieben Kilometer, den auch die Kleinen bewältigen müssen. Sie repräsentieren ihren heimatlichen Trachtenverein und sind stolz, dabei zu sein, tragen sie doch ihre schönste Festtagstracht. Seit 1950 findet wieder jährlich am ersten Wiesnsonntag der Trachtenumzug statt. Zuschauer haben sich auf Ruinenwänden positioniert und betrachten das schöne Schauspiel. Tradition und Brauchtum leben wieder auf in Bayern!

Das Münchner Oktoberfest

Im September 1946 fand das erste Oktoberfest nach dem Krieg statt. 1950 wurde das Fest vom Münchner Oberbürgermeister Thomas Wimmer zum ersten Mal mit dem inzwischen traditionellen Festanstich des ersten Bierfasses im Festzelt Schottenhammel eröffnet. Im Laufe der folgenden Jahrzehnte entwickelte sich das Münchner Oktoberfest zum größten Volksfest der Welt.

Den Winter vertreiben

Der große Tag der Hemadlenzn am „Unsinnigen Donnerstag", an dem anderswo „Weiberfastnacht" gefeiert wird, fängt in Dorfen ganz harmlos an. Alle, die am Umzug der Hemadlenzn teilnehmen und die zum Zuschauen in das kleine Städtchen bei Erding gekommen sind, stärken sich erst einmal bei einer zünftigen Weißwurstbrotzeit, sei es daheim, bei Freunden oder in der Gastwirtschaft. Dann ziehen die meist jugendlichen Hemadlenzn, sie tragen weiße Nachthemden und lange weiße Unterhosen, begleitet von der Dorfener Stadtkapelle zum Rathaus auf dem Unteren Markt. Auf dem Marienplatz wird am Ende des Umzugs dann der Winter in Gestalt einer Puppe verbrannt und gilt somit als besiegt. Ein zünftiges Fest – die ganze Stadt ist auf den Beinen!

Seit 1891 feiern die Dorfener im Isental den Hemadlenzn-Umzug. Erst seit 1953 durften auch Mädchen und Frauen, wie man damals begründete, im Rahmen der Emanzipation an dem Umzug teilnehmen. Der Name Hemadlenzn leitet sich vom Heiligen Laurentius ab, der auf Abbildungen ein „Hemad", ein Hemd, trägt. Alle Kinder in Dorfen haben an diesem Tag – damals wie heute – schulfrei.

Beim lustigen Faschingstreiben in Dorfen

Ein Hemadlenz präsentiert sich mit weißem Nachthemd dem Fotografen.

Sport, Spiel und Spaß

Spielen mit Fantasie

Zum Spielen brauchten die Kinder wahrlich nicht viel, nur ein bisschen Fantasie. Und die hatten die Buben und Mädchen. Ihre Umwelt bot ihnen ein kunterbuntes und zwangloses Leben. Ständig waren sie auf Entdeckungsreise und Abenteuersuche, spielten mal „Räuber und Gendarm", mal „Völkerball" und immer wieder Fußball. Ihr Terrain war die Straße in ihrem Viertel, das größtenteils noch von Kriegsschäden gezeichnet war. Die neu entstandenen Spiel- und Sportplätze wurden mit Begeisterung angenommen, denn dort fand man jederzeit Spielkameraden und konnte sich nach Herzenslust austoben. Gerne kraxelten sie auf den „Klettermax". Das Stahlgerüst bot eine Alternative zum Kraxeln auf Bäume, was den Großstadtkindern verboten war.

Auf dem Land, wo Kinder durch Wald und Flur streifen konnten, waren sie Mitglieder ihrer dörflichen Gemeinschaft. Jeder nannte sie beim Namen, man wusste, wo sie wohnten, und kannte ihre Familien. Vor allem die Mütter wussten ganz genau, welche Kinder besonders umtriebig waren, kannte die, die Unsinn im Kopf hatten, oder diejenigen, die eher den Ruf eines Duckmäusers hatten. Man wusste genau, wer ein echter Lausbub oder ein pfiffiges Lausdirndl war. Hatte doch einst der berühmte bayerische Volksdichter Ludwig Thoma eine Hymne auf die Streiche der Lausbuben geschrieben und ihnen mit seinen „Lausbubengeschichten" ein Denkmal gesetzt.

Die kleine Skifahrerin

„Zwei Brettl, a gführiger Schnee, juche!" So begann der populäre Schlager der 50er-Jahre. Das kleine Skihaserl wird's gleich ausprobieren.

Auch war bekannt, dass der unsterbliche Volkssänger Karl Valentin in seiner Kindheit umtriebig war und sein Einfallsreichtum, anderen Streiche zu spielen, keine Grenzen kannte. Auch er war ein echter Lausbub gewesen – ein Vorbild für die folgenden Generationen bayerischer Buben.

Clowns und Musikanten zogen durch die Wohnviertel und gaben in Hinterhöfen und auf freien Plätzen lustige Vorstellungen. Sie pfiffen die neuesten Schlager, jonglierten mit Bällen, hatten Zaubertricks parat und spielten auf der Ziehharmonika alte Gassenhauer. Hausfrauen warfen ihnen eingewickelte Zehnerlstücke zu, dann gaben sie noch eine Zugabe. Die Kinder hörten aufmerksam zu, bildeten einen Kreis um den „Vortragskünstler", der meistens ein Kriegsversehrter war.

Nichts aber begeisterte die Buben und Madln mehr, als wenn ein Puppenspieler ein kleines mobiles Theater aufstellte, um seine Darbietungen zu zeigen. Dann rief man sich aufgeregt zu: „Der Kasperl kommt!" Für die Kleinen und Großen gab es kein Halten mehr, denn nichts war aufregender, als die Streiche des Kasperls zu erleben. Ein Schauspiel, lustig und gruselig zugleich.

Noch heute erinnern sich manch ältere Menschen an die kalten und schneereichen Wintertage, wenn Schlittschuhläufer voller Freude und Kraft übers Eis liefen, Pirouetten drehten und manchmal aufs Hinterteil fielen. Kleine Eisprinzessinnen zeigten ihre Künste, schwebten in kurzen Röckchen über den zugefrorenen See, drehten sich zur Musik und waren glücklich. Wie aus dem Nichts entstand eine Schneeballschlacht und erhitzte die Gemüter. Sich im Schnee zu wälzen, einen Schneemann zu bauen, gar eine Schneeburg, gehörte zu den Freuden des Winters.

Mitte des Jahrzehnts, als die Menschen die gröbsten Folgen des Krieges überwunden hatten, gut verdienten und sich etwas leisten konnten, entdeckten sie ihre Freude am Skifahren. Wer es sich leisten konnte, fuhr in die Berge und belegte einen Skikurs – für Kinder und Jugendliche eine wahre Freude und eine Mordsgaudi. Wie schön war das Leben mit Spiel, Sport und Spaß, wäre da nicht das gewesen, was sie alle plagte: die Schule.

Zum Spielen braucht man nur ein bisschen Fantasie

Fünf Kinder gehen im Gänsemarsch. Die Große führte die Kleinen an. Man brauchte nicht viel, nur die Freude am Spiel!

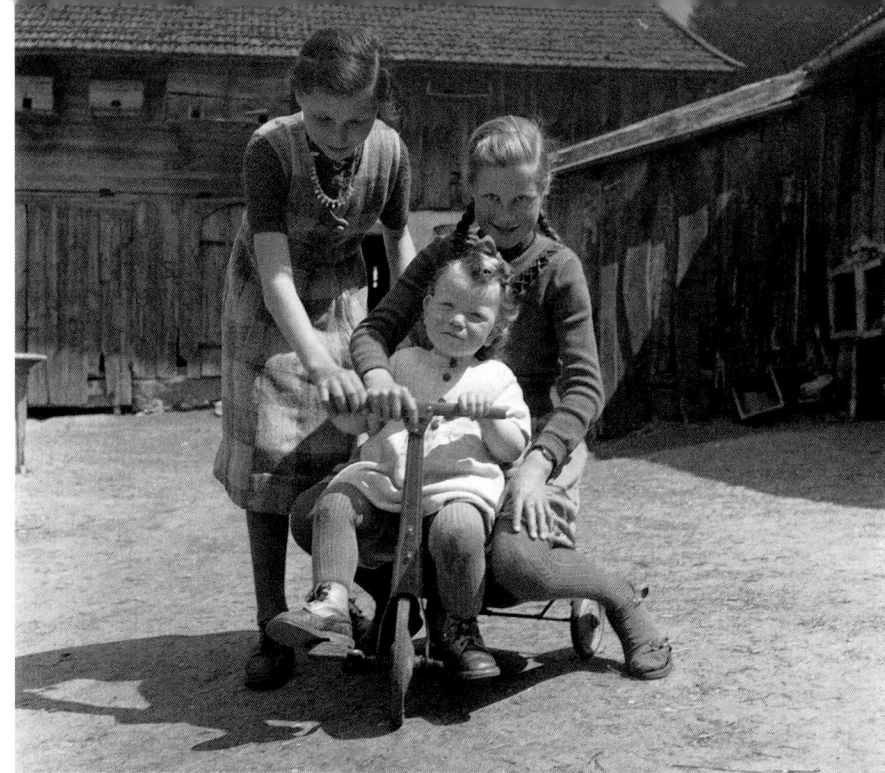

Drei Mädchen üben Dreiradfahren

Als Heimatvertriebene waren sie aus dem Sudetenland gekommen und fanden ihre neue Heimat in einem Dorf bei Straubing.

Schlittschuhlaufen vor dem Nymphenburger Schloss

Kalte, aber sonnige Wintertage lockten die Schlittschuhläufer auf den zugefrorenen See. Die jungen Eisprinzessinnen drehten ihre Pirouetten vor der schönen Kulisse des Nymphenburger Schlosses in München.

Kasperltheater

Mit großer Begeisterung kamen die Kinder in Scharen ins Kasperltheater, ganz gleich, ob es ein mobiles, aufklappbares Bühnenteil oder das Puppen- oder Marionettentheater war. Die Puppenspieler präsentierten aufregende Stücke, viele niedergeschriebene vom Graf Franz von Pocci (1807–1876). Der Münchner „Kasperlgraf" erfand auch den Kasperl Larifari, eher ein Taugenichts als ein edler Bursche.

„Seid ihr alle da?"

„Ja", riefen sie zurück und der Kasperl fragte: „Habt's a Geld a?", „Na!", tönte es. Dann wartete alles gespannt, was der Kasperl wieder im Schilde führte, ob er den Teufel besiegte, und am Schluss rief: „Deifi, Deifi!" und versetzte dem Unhold mit seiner Patsche ein paar kräftige Schläge.

„Hurra, der Kasperl ist für alle da!"

Nichts begeisterte die Kinder mehr als eine Vorstellung des Kasperletheaters. Diese kleine Bühne für das Puppentheater war schnell aufgebaut, ob in der Schule, im Kindergarten oder sonstwo im Ort. Dann lugte der Kasperl mit der roten Zipfelmütze aus einer Ecke hervor, und das Spiel begann.

Schneeballschlacht in den Bergen

Sonne, Pulverschnee und eine Gaudi.

Wenn das Christkind kommt

Lametta und Strohsterne

Auch heutzutage, nach über 70 Jahren, ist vielen der noch Lebenden der Generation der Kriegs- und Nachkriegskinder die Weihnachtszeit ihrer Kindheit und Jugend in besonderer, herzerwärmender Erinnerung. Zwar war die sogenannte „stade Zeit", die stille Zeit, auch damals nicht so still, wie wir vielleicht heute vermuten. Schon seinerzeit verfielen die Menschen während der Vorweihnachtszeit in Hektik und Stress.

Für Besinnlichkeit blieb wenig Zeit. Die Aufbaujahre nach dem Krieg forderten von der arbeitenden Bevölkerung Kraft und Ausdauer. Lange Arbeitszeiten und unbequeme Fußmärsche zehrten an Kraft und Geduld. An allen Samstagen wurde vormittags gearbeitet. In den Innenstädten öffneten sogar Kaufhäuser und Läden an den vier Sonntagen vor dem Fest. Der Slogan der Zeit lautete: „Süßer die Kassen nie klingeln als zu der Weihnachtszeit!"

In den vollen Schaufenstern der Spielzeugläden sah man neue Konsumartikel, die eine ungeheure Anziehungskraft ausübten. Schon der Anblick der Spielzeuge ließ die Herzen der Kinder aufgehen. Ganz oben auf den Wunschzetteln standen die neuen Puppen, die anders aussahen als jene, die man selbst aus Großmutters Zeiten und Vorkriegsjahren besaß und eigentlich schon ausrangiert waren. Wie oft hatten sie nun schon – immer wieder geputzt und repariert – unterm Weihnachtsbaum gelegen?

Da waren die vielen Plüschtiere, die aus den Auslagen schauten, so als warteten sie nur darauf, mitgenommen zu werden. Kinder, die davorstanden, wollten sich nicht trennen, winkten den niedlichen Stofftieren zu und wünschten sich sehnlichst, eines zu besitzen. Miezekatzen, Stoffhündchen, allen voran süße kleine Dackel, sollten bald auf den Kinderbetten sitzen, Igel und Eule dazu. „Bambi", das zarte Reh, benannt nach der beliebten Geschichte vom „König des Waldes", nun verfilmt und in den Kinos zu sehen, war der Star unter den Plüschtieren.

Für die Weihnachtsbäckerei hatten sich umsichtige Hausfrauen bereits im Herbst einen Vorrat an Backzutaten angelegt. Denn Zimtstangen, Zitronat, Mandeln, Haselnüsse und Rosinen lagen nicht verpackt und immer verfügbar in den Regalen der Supermärkte. In Stranizen, im bayerischen Dialekt so genannte braune Spitztüten aus Papier, wurden in abgewogenen Mengen die Waren über den Ladentisch verkauft. Nach Großmutters überlieferten, handgeschriebenen Backrezepten und mit der Erfahrung der geübten Hausfrau entstanden Kunstwerke süßer Köstlichkeiten. Die Vanillekipferl, Zimtsterne, Springerle, Spitzbuben und Lebkuchen, sorgsam in Blechdosen geschichtet und vor Naschkatzen an einem sicheren Ort versteckt, lagen dann am Heiligen Abend auf den Weihnachtstellern der Kleinen und der Großen.

Auf dem Stadtplatz und im Dorf wurde um den Preis des Christbaumes noch gefeilscht. Zu teuer sollte die Fichte nicht sein, doch gut gewachsen, nicht zu groß und nicht zu klein.

Beim Schmücken des Baumes halfen die Kinder, durften der Mutter die zerbrechlichen Christbaumkugeln und die silbernen Lamettafäden reichen, die sorgsam über die Zweige gehängt wurden. Die glitzernden Staniolfäden mit dem schönen italienischen Namen gehörten zum klassischen deutschen Weihnachtsbaumschmuck. Lametta ist eine Nürnberger Erfolgsgeschichte, denn dort wurde dieser Baumschmuck zu Beginn des 17. Jahrhunderts erfunden.

Lametta oder Strohsterne? Das war die Frage, was den Christbaumschmuck betraf. Strohsterne wurden in den Schulen gebastelt und die allerschönsten Gebilde ausgestellt. Dem Reiz der Strohsterne konnte man schwer widerstehen, erinnerten sie doch an den „Stern von Bethlehem". Der Legende nach soll es eine junge Hirtin gewesen sein, die auf einem Strohsack liegend den Sternenhimmel betrachtete und den Gedanken hatte, für das neugeborene Jesuskind als Geschenk einen Stern aus Stroh nachzubilden.

Weihnachtliche Musik, Geschichten vom Christkind, die „Heilige Nacht" von Ludwig Thoma, das Glockenläuten der großen Kirchen und besinnliche Andachten, vom Bayerischen Rundfunk gesendet, wurden in den „guten Stuben" und Wohnküchen von der bayerischen Bevölkerung gehört und mit Andacht und Freude wahrgenommen.

Anfang Dezember hatte es meistens schon geschneit. Kalt und schneereich begann der Winter. Doch dann – wie fast jedes Jahr – zog vor dem Weihnachtsfest ein Föhnsturm über die Berge, streifte das Voralpenland und brachte mit sich ein laues Frühjahrslüfterl. Und jedes Jahr stellte sich die Frage: Wird's wohl an Weihnachten schneien? Doch ob Föhnsturm oder verschneites Land, am Heiligen Abend wurde es still und der Zauber der Heiligen Nacht legte sich über Stadt und das ruhig gewordene Land.

Christbaum vor dem Münchner Rathaus

Ab dem Ersten Advent erstrahlte der große Christbaum vor dem Rathaus am Marienplatz. Noch fuhren Autos, Radler und Straßenbahnen über den Platz. Erst in den Siebzigerjahren wurde der traditionelle Christkindlmarkt vom Rindermarkt in das „Herz der Stadt" verlegt.

Adventszeit

Nun ist es nicht mehr lange hin, bis das Christkind kommt, und die Vorfreude auf das Fest ist groß. Drei Mädchen blicken erwartungsvoll dem Fest entgegen und mit ihnen das Püppchen als Vierte im Bunde.

Die Fürstenfeldbrucker Luzienhäuschen schwimmen wieder

Es war im Jahr 1949, als sich der Rektor der Fürstenfeldbrucker Städtischen Knabenschule daran erinnerte, wieder den schönen alten Adventsbrauch der schwimmenden „Luzienhäuschen" aufleben zu lassen. So sollten wieder bei Einbruch der Dunkelheit am 13. Dezember, dem Tag der lichtbringenden Heiligen Luzia, kleine selbst gebastelte Häuschen, mit einer Kerze bestückt, in die Amper gesetzt werden. Noch heute pflegt man in Fürstenfeldbruck den Brauch des „Lichterschwemmens". Mitten im Advent wird auch in den Kirchen der Heiligen Luzia gedacht.

Selbst gebastelte Luzienhäuschen

Die Buben in der Fürstenfeldbrucker Volksschule haben mit Eifer ihre Miniaturhäuschen gebastelt. Aus Karton, Papier, Holz und Pappe entstanden Nachbildungen Fürstenfeldbrucker Wohnhäuser und einer Kirche der Stadt.

Der Nürnberger Christkindlesmarkt im Jahre 1952

Für die Nürnberger Kinder gehörte der Besuch auf dem jährlich stattfindenden Christkindlesmarkt auf dem Hauptmarkt zu den schönsten vorweihnachtlichen Erlebnissen. Es dauerte nicht mehr lange bis Weihnachten und die Vorfreude auf das himmlische Fest war groß. Was gab es nicht alles zu sehen und zu kaufen! Bratwürste, Lebkuchen und Früchtebrot, lustig aussehende Zwetschgenmännla und Rauschgoldengel, Christbaumschmuck, Puppen, Teddybären und anderes Spielzeug. Köstliche Zuckerwatte schmeckte den Kindern, Glühwein tranken die Großen. Martin Luther, der große Reformator, soll es wohl gewesen sein, der die Tradition des Schenkens vom Nikolaustag auf den Heiligen Abend verschoben hat. So kam es, dass die Kinder am Nikolaustag mit Süßigkeiten bedacht wurden und die „großen Geschenke" am Heiligen Abend auf dem Gabentisch lagen.

Spielzeug in allen Varianten

Eine Tröte scheint es der Kleinen angetan zu haben.

Nürnberger Christkindlesmarkt

Puppen und Teddybären warten auf ihre neuen Besitzer.

Bescheidene Weihnachten unterm Christbaum

Ein großer Teddybär und die geliebte Puppe machten das kleine Mädchen glücklich.

Heiliger Abend unter dem Christbaum

Reich beschenkt wurde dieses Mädchen: ein Wagen zum Ziehen, in dem die Kleine und ihre beiden Puppen Platz haben.

Der Zauber der Weihnacht

Mit glänzenden Augen blickt der kleine Mann auf den schön geschmückten Weihnachtsbaum.

Unterm Christbaum

Für das Mädchen war die Puppe Vertraute und Gefährtin, lange bevor die Barbiepuppe die Welt eroberte. Vor Weihnachten war sie plötzlich verschwunden, um dann am Heiligen Abend neu eingekleidet unterm Weihnachtsbaum zu liegen. Die Freude war groß!

Lametta und Strohsterne

Strohsterne und Lametta, dazu silberne Kugeln. Man schrieb das Jahr 1952, als die vier „Fräuleins" aus Landshut dem Fotografen Georg Fruhstorfer ihren Christbaum präsentierten.

Die Autowelle

Kuppeln, schalten, vierter Gang

Als am 5. August 1955 der millionste VW-Käfer im niedersächsischen Wolfsburg vom Band lief, staunten die Menschen darüber, dass es nur zehn Jahre nach Kriegsende und der Demontage wichtiger Industrieanlagen möglich war, eine derartige Anzahl von Autos zu produzieren und zu verkaufen. Was war geschehen? Kam nach der „Fresswelle" nun die „Autowelle"? Wurde der Traum vom eigenen Auto wahr?

Wer sich kein großes Auto oder einen VW Käfer leisten konnte, kaufte sich ein kleines. In Bayern, insbesondere in den BMW-Werken im Norden Münchens, begannen ab 1955 die Autobauer mit der Herstellung eines Kleinstwagens. „Isetta" hieß das eiförmige Motorcoupé, war als fahrbarer Untersatz beliebt bei jungen Leuten, hatte 12 PS im Heck und erhielt wegen seiner Kugelform den Scherznamen „Knutschkugel". Ihr Ursprungsland war Italien. Dorthin fuhr sie mit Tempo 85 bis in die Sechzigerjahre hinein, als mit der Italiensehnsucht die „Reisewelle" kam. Das Wirtschaftswunder machte es möglich! BMW-Händler hatten das Gefährt 1954 auf dem Genfer Salon entdeckt und kurzerhand mit nach München genommen, um es in Lizenz zu produzieren.

Am 17. November 1955 berichtete der Stadtchronist: „Bei den Bayerischen Motorenwerken lief die 10.000ste ‚BMW Isetta' vom Band. BMW hat die Produktion dieses neuartigen Automobils erst im Mai 1955 aufgenommen. Die Isetta kam gut an! BMW hatte recht gehabt mit der Ideallösung des Fahrproblems für alle, die ein wendiges, flinkes Fahrzeug bei geringen Betriebs- und Anschaffungskosten - der Verkaufspreis lag bei 2500 DM - benötigen." Zudem war die „Knutschkugel" bei Jugendlichen äußerst beliebt, wollten sie doch mit dem flotten Kleinstwagen ihre Individualität ausdrücken, bewusst sportlich und unkonventionell sein und dem Coupé den Vorzug vor der konservativen Limousine geben.

Ein deutscher Arbeitnehmer verdiente damals wöchentlich durchschnittlich 90 DM. Die Haftpflichtversicherung lag bei knapp acht DM im Monat und das Finanzamt verlangte für die „Knutschkugel" pro Jahr 44 DM an Steuern, weniger als für einen Großstadtdackel, wie die Werbung versicherte.

Doch die Herstellung des Kleinstwagens „Isetta" konnte die sich schnell verschärfende Finanzkrise bei den Münchner Autobauern nicht abwenden. Der „Spiegel" schrieb 1959: „BMW baue mit dem ‚501' (V8 - auch ‚Barockengel' genannt) einerseits und der Isetta andererseits Autos für Bankdirektoren und Tagelöhner. Autos der Mittelklasse dazwischen fehlten im Modellprogramm."

Das änderte sich erst Anfang der Sechzigerjahre, als die Industriellenfamilie Quandt bei BMW einstieg und die Aktienmehrheit übernahm. Jetzt standen ausreichende finanzielle Mittel für die Entwicklung der neuen Mittelklassemodelle zur Verfügung. 1960 wurde der BMW 1500 der neuen Klasse vorgestellt und hatte nach Anfangsschwierigkeiten und mit den Versionen BMW 1800 und BMW 2000 einen durchschlagenden Erfolg, der durch seine Siege bei Tourenwagenrennen noch verstärkt wurde. Mit den 1960 vorgestellten Modellen „Null Zwei" (1602, 1802, 2002) kamen die Bayerischen Motorenwerke endgültig in Fahrt!

Die Jugendlichen liebten das Goggomobil, den Kleinstwagen, den die Hans Glas GmbH, ein Landmaschinenhersteller im niederbayerischen Dingolfing zwischen 1955 und 1969 produzierte. Die Bezeichnung geht auf den Kosenamen „Goggo" des Enkels des Firmenchefs zurück. Mit einem Ottomotor ausgestattet, war das pfiffige Modell für 4000 DM erschwinglich. Das „Goggo" gab's als Limousine, Kleinstwagen, Coupé und für den Jungunternehmer als Kasten- und Pritschenwagen. Es war in der Einheitsfarbe „saharagelb" und mit „Wackeldackel" auf der Hutablage erhältlich. Glücklich war der, der ein Goggomobil sein Eigen nennen konnte!

„Spezialisten" vor Ort
Der Blick unter die Motorhaube präsentierte im Vergleich zu heute ein überschaubares Bild an Autoteilen.

Flirt mit dem Teenager-Star

Die Sängerin Gabriele Clonisch kokettiert auf einem Opel-Rekord sitzend mit den Buben aus der Gegend. Der Ende der Fünfzigerjahre bekannt gewordene Teenager-Star stammte aus Kochel am See in Oberbayern. Ihr Rock-'n'-Roll-Titel „Schokoladeneis" wurde mehr als 250 000 Mal verkauft. 1959 ging die damals 12-Jährige das ganze Jahr auf Tournee, sie sang mit Louis Armstrong und musizierte mit Max Greger.

Der Lambretta-Motorroller

Eine Reportage mit dem Münchner Tanzpaar Franz Baur und Liane Müller zeigt neben einer getanzten Motorroller-Panne verschiedene Tanzszenen während eines Ausflugs ins Grüne. Der weitverbreitete Lambretta-Motorroller des italienischen Herstellers „Innocenti" hatte Kult-Status.

Die Jugendlichen liebten das Goggomobil, den Kleinstwagen, den die Hans Glas GmbH, ein Landmaschinenhersteller im niederbayerischen Dingolfing zwischen 1955 und 1969 produzierte. Die Bezeichnung geht auf den Kosenamen „Goggo" des Enkels des Firmenchefs zurück. Mit einem Ottomotor ausgestattet, war das pfiffige Modell für 4000 DM erschwinglich. Das „Goggo" gab's als Limousine, Kleinstwagen, Coupé und für den Jungunternehmer als Kasten- und Pritschenwagen. Es war in der Einheitsfarbe „saharagelb" und mit „Wackeldackel" auf der Hutablage erhältlich. Glücklich war der, der ein Goggomobil sein Eigen nennen konnte!

Das Goggomobil

Das Goggomobil wurde zwischen 1955 und 1969 von der Hans Glas GmbH gebaut und war beliebt bei Jung und Alt.

Die „Knutschkugel"

Die BMW „Isetta" vor über 70 Jahren: „Hoppla, jetzt komm' ich!" Der Maler und Grafiker Rainer Zimnick hüpft aus seinem fahrbaren Untersatz. Die einzige Tür ging nach vorne auf und die hinteren Räder standen nicht einmal halb so weit auseinander wie die vorderen. Fahrer und Beifahrer saßen zusammen wie auf einer Gartenbank, zogen die Türe vor sich zu und mit ihr das Lenkrad plus Armaturen. Geschaltet wurde überaus sportlich – links mit einem kleinen Knüppelchen. Bei der Jugend war das Gefährt voll im Trend.

Parkplatz am See

Mit dem Auto an den Starnberger See. Für die Münchner Autobesitzer gab es nichts Schöneres, als am Wochenende ins Grüne oder an den See zu fahren. Man parkte dort, wo Platz war.

Der Traum vom eigenen Auto wurde wahr

Mitten in den Fünfzigerjahren rollte nach der „Fresswelle", eine neue Welle heran: die Autowelle. Ein lang gehegter Traum ging für Jung und Alt in Erfüllung – das eigene Auto. Sonntags fuhr man hinaus ins Grüne und entdeckte seine bayerische Heimat von den Alpen bis zum Spessart, fuhr gerne – auch der günstigen Spirituosen wegen – nach Österreich und im Urlaub ins Sehnsuchtsland Italien.

Der verführerische Glanz der Limousinen

Der Parkplatz Sonnenstraße vor dem neu erbauten „Kaufhof" am Münchner Stachus. Der Wiederaufbau richtete sich nach den Bedürfnissen des Autoverkehrs.

Die neue Lebensfreude

Fasching, Rock 'n' Roll und Budenzauber

Nie mehr wurde die Faschingszeit fröhlicher, ausgelassener, intensiver und ausgiebiger gefeiert, als in jenen närrischen Wochen in den Fünfziger- und Sechzigerjahren.

Ab dem 25. November, dem „Tag der Heiligen Kathrein" (Katharina), bis zum Tag der Erscheinung des Herrn am Dreikönigstag, dem 6. Januar, sollte nicht getanzt werden. Es war die stille, „die stade Zeit" und die alte Regel „Kathrein stellt den Tanz ein", wurde in den Fünfzigerjahren noch befolgt. Und so bildete der „Kathreintanz" am Samstag vor dem 25. November den Abschluss der Tanzsaison. Gepflegt wurde dieser alte Brauch vor allem in den deutschsprachigen Alpenländern und im fränkischen Raum.

Nach dem Motto „feste arbeiten und Feste feiern", konnte die Generation der in den Dreißiger- und Vierzigerjahren Geborenen zum ersten Mal in ihrem Leben ungezwungen feiern. An die harten Kriegsjahre und die Zeiten des Hungers und der Entbehrungen wollte man sich nicht mehr erinnern.

Fast ein jedes Wirtshaus in Stadt und Land lockte während der närrischen Fastnachtzeit mit Hausbällen. Es feierten und tanzten Jung und Alt. An Samstagnachmittagen veranstalteten die Wirte Kindermaskenbälle, wo sich Rotkäppchen und Cowboys trafen, Prinzessinnen mit Krönchen in rosa und himmelblauen Tüllkleidern über die Tanzfläche schwebten und Piraten und Revolverhelden samt bunten Luftschlangen und Konfetti durch den Saal wirbelten. Limonade wurde getrunken, Schmalzbrote und Würstel gegessen, Krapfen und Kücherl verdrückt. Dann tanzte und hüpfte die kleine Rasselbande voller Freude umher und war kaum zu bändigen.

„Pechvögel" waren die Kinder, die nach dem Fasching, meistens am „Weißen Sonntag" ihre „Erste Kommunion" feiern sollten. Ihnen wurde nahegelegt, sich in diesem Fasching wegen der Würde des kommenden Kommunionfestes und dem Ernst des Glaubens nicht zu maskieren und auch nicht zu lustig zu sein! So hatten der Herr Pfarrer und das Fräulein Religionslehrerin die Drittklassler ermahnt. Nicht „Maschkera" zu gehen. Nicht lustig und umtriebig zu sein, das fiel den Kindern schwer. Man fügte sich, denn was sollten sonst die Leute sagen?

Mit Vollendung des 18. Lebensjahres durfte man auf Feste und Bälle gehen. Es gab den „Ball der einsamen Herzen", den „Ball der freiwilligen Feuerwehr", den des Männergesangvereins, der sudetendeutschen Landsmannschaft, das „Große Schützenfest", den Ball der Lehrer und den der Konditoren, der Metzger, der Fassmacher und den Ball der Akademiker. Sogar alte Veteranen des Ersten Weltkrieges warfen sich in Schale und drehten sich zum Landler oder wagten einen langsamen Walzer.

In München, der Hochburg des Faschings, war man anderes gewöhnt, nämlich frivole Künstlerfeste, pompöse Maskenbälle und feine Gesellschaftsbälle mit den großen, populären Tanzorchestern. Am Faschingsdienstag dann das letzte Tanzvergnügen der Saison, der „Kehraus". Tags darauf, am Aschermittwoch, begann die Fastenzeit und die wilde Tanzerei und Narretei hatten ein Ende.

Und weil das Land Bayern damals von den Amerikanern besetzt war, die hier stationierten Soldaten junge Männer waren, die sich in Bars, Kneipen und in ihren Clubs herumtrieben, tranken und tanzten, hörte und sah man viel Neues, das es nachzuahmen galt. Schicke Hosen, Jeans genannt, Lumberjacks und anderes modisches Zubehör wurden von den Jugendlichen mit Begeisterung aufgenommen. Dann der neue Sound, dem man nicht widerstehen konnte: Nach Slow Fox, Foxtrott und Jitterbug kam auch „er" ins Land gerauscht und nahm die Jugend in seinen Bann: der Rock 'n' Roll.

Populär gemacht hat ihn der bei der Jugend so beliebte amerikanische Soldatensender AFN (American Forces Network). Er sendete aus der Münchner Kaulbachstraße und brachte mit seiner täglichen Sendung „Luncheon in Munchen" die Jugend in Schwung. Bill Haleys und Elvis Presleys Songs traten ihren Siegeszug um die Welt an. Der neue Rhythmus fachte ein regelrechtes Rock-'n'-Roll-Fieber an. Es entstanden Rock-'n'-Roll-Clubs, 1959 die ersten Diskotheken mit flotter Popmusik.

Kleiner Prinz und Fliegenpilz
Kinder tanzen beim Maskenball in München.

Mit Schnurrbart, Colt und Hut

Maxl spielt den Cowboy in perfekter Verkleidung.

Budenzauber

Lange bevor bei den Jugendlichen das Wort „Party" in Mode kam, inszenierte man schlicht und ergreifend, aber voller Eifer einen „Budenzauber". Ganz egal, ob für die improvisierte Feier das Wohnzimmer, die „gute Stube", oder die Wohnküche beschlagnahmt wurden, Hauptsache die Stimmung war gut, die Bude gemütlich. Ein bisschen Musik machen und tanzen, ein Gläschen Wein oder Bowle trinken und sich amüsieren. Auch Witze gehörten dazu und der neueste Klatsch. Man brauchte nicht viel, um fröhlich zu sein!

Floßfahrt auf der Isar

Seit Jahrhunderten waren Flöße das wichtigste Transportmittel, um Waren und Baumaterial auf der Isar nach München zu bringen. In den Nachkriegsjahren fuhr man gerne von Wolfratshausen bis zur Floßlände „auf Minga". Es war eine fröhliche Reise. Bier und Brotzeit durften nicht fehlen und eine zünftige Musikkapelle sorgte für Stimmung an Bord. Heute ist die Isar-Floßfahrt eine Freizeit- und Touristen-Attraktion. Sie gehört zum immateriellen Kulturerbe der UNESCO.

A Musi und a Gaudi

Fröhliche Stimmung am Sonntagnachmittag: Auf dem Isar-Floß, im Biergarten oder auf dem Dorffest wurde getanzt und gefeiert. Die „dunklen Jahre" waren vorbei und man schaute optimistisch in die Zukunft.

„Fräulein-Wunder"

Das deutsche „Fräulein-Wunder" geht durch die Welt-Presse. In München und anderswo brauchte man nicht lange Ausschau zu halten, um besagten Fräuleins zu begegnen. So auch hier auf einer Party im „Haus der Kunst".

Die neue Lebensfreude

Diskotheken und Disko-Musik

Ende der Fünfzigerjahre eröffneten auch in Bayern die ersten Diskotheken und erlebten einen enormen Zulauf.

Teenager Party im Münchner „Haus der Kunst"

Bandleader und Posaunist Ernst Jäger spielte mit heißen Rhythmen auf und Teenager-Star Christine Kaufmann tanzte zum Jazz, Unterhaltungsmusik und Rock-'n'-Roll-Songs. Mitten im Fasching 1959 organisierte die Schallplattenfirma Busse in der Karnevalshochburg „Haus der Kunst" eine fetzige Teenager-Party – für die rock-'n'-roll-süchtige Jugend eine Gelegenheit sich auszutoben. Rock-'n'-Roll-Clubs und Partys waren aus der Szene in den Nachkriegsjahren nicht wegzudenken. Die Jugend krempelte die Musik um!

Rock-'n'-Roll-Clubs

Mitte der Fünfzigerjahre schwappte die Rock-'n'-Roll-Welle von Amerika nach Deutschland über. Für die Jugend gab es kein Halten mehr. Wie ein Virus verbreitete sich der neue Sound in der „alten Welt" und löste Kopfschütteln bei der älteren Generation aus. War die Jazz-Musik nicht schon genug, die da aus Amerika herüberkam? Rock-'n'-Roll-Clubs schossen wie Pilze aus dem Boden. Die Teenager, die neue Gruppe der Dreizehn- bis Neunzehnjährigen, sollten fortan freier und selbstbewusst auftreten, ihren eigenen Stil finden und alte Tabus brechen.

Hula-Hoop mit Schwung

Irgendwann im Jahre 1958 kam ein einfacher Plastikreifen auf den Markt, der in kürzester Zeit eine Epidemie auslöste. Hula-Hoop hieß das Zauberwort. Im Laden zeigte die Verkäuferin, wie sich der Reifen um die Taille drehte. Das sah so einfach aus! Zu Hause stellte man fest, dass es doch nicht so einfach war. Wieder und wieder fiel der Reifen auf den Boden. Die Geduldigen übten und übten, bis sie den Schwung heraushatten. Dabei sollen schon die alten Ägypter den Reifen um die Hüfte bewegt haben, nur eben nicht aus Plastik, sondern aus Holz.

Prinzengarde

Die Faschingsbälle im ganzen Land waren die Attraktion des Winters. Faschings- und Karnevals-Vereine wurden gegründet, Prinzenpaare gekürt und eine flotte Prinzengarde auf die Beine gestellt. Das „Wirtschaftswunder" machte es möglich. Es wurde hart gearbeitet und feste gefeiert.

Fasching in München

Beim „Ball der „Damischen Ritter" 1954 im Löwenbräukeller ging es hoch her!

Weitere Bücher über Ihre Region

Henning Jost
Entlang der Donau
Eine Reise in historischen Farbansichten
72 S., Hardcover, zahlr. Farbbilder
ISBN 978-3-8313-3295-3

Horst-Dieter Radke
Franken
Schlösser und Burgen
72 S., Hardcover, zahlr. Farbfotos
ISBN 978-3-8313-3403-2

Heidi Fruhstorfer
Rama dama!
München nach 1945
96 S., Hardcover, zahlr. S/w-Fotos
ISBN 978-3-8313-2263-3

Heidi Fruhstorfer
München in den 50er- und 60er-Jahren
Auf dem Weg zur Weltstadt
72 S., Hardcover, zahlr. S/w-Fotos
ISBN 978-3-8313-3287-8

Horst-Dieter Radke/Mirjam Radke
Oberbayern
Die schönsten Schlösser und Burgen
72 S., Hardcover, zahlr. Farbfotos
ISBN 978-3-8313-3555-8

Wartberg-Verlag GmbH — Bücher für Deutschlands Städte und Regionen
Im Wiesental 1 | 34281 Gudensberg — Tel. 0 56 03-93 05 0
www.wartberg-verlag.de — Fax 0 56 03-93 05 28